Male die Silbenkönige farbig an. Ordne die Wörter richtig ein.

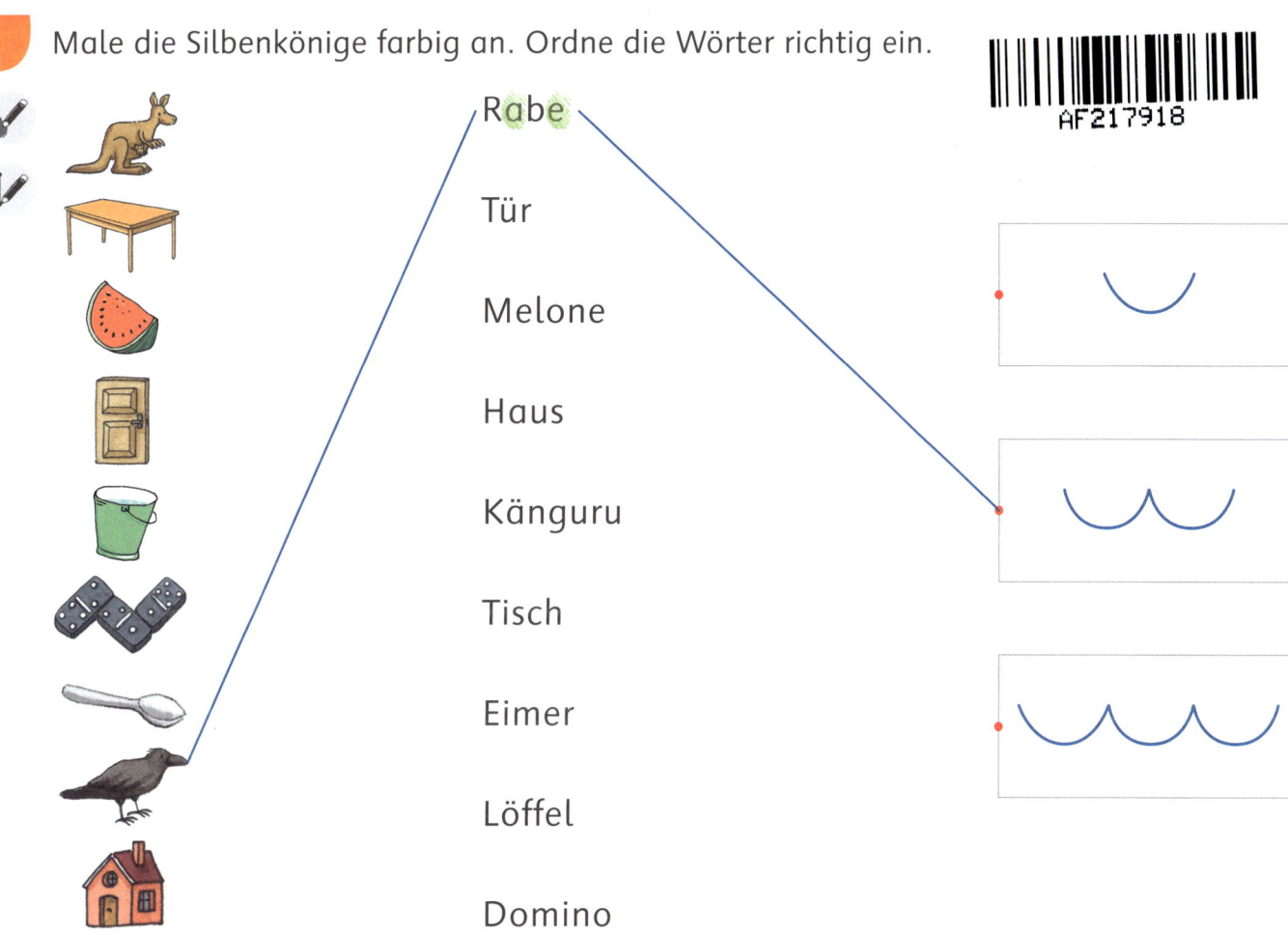

Rabe

Tür

Melone

Haus

Känguru

Tisch

Eimer

Löffel

Domino

AF217918

1

Setze aus den Silben die Wörter zusammen und schreibe sie auf.

Manchmal steht der Silbenkönig am Ende der Silbe.

| So | He | Di | Do | | Au | Lu | Ro | La |

| no | fa | xe | se | | pe | to | ma | se |

das

die

die

das

der

die

die

das

Setze aus den Silben die Wörter zusammen und schreibe sie auf.

Manchmal folgt nach dem Silbenkönig noch ein Mitlaut.

| Gür | Löf | Ham | Kak | | Pin | Am | Gar | Wür |

| fel | mer | tus | tel | | ten | sel | fel | pel |

der _____   der _____

der _____   der _____

der _____   die _____

der _____   der _____

3

Ergänze das Reimwort.

Viele Wörter haben am Ende ein e, das man fast nicht hört.

Puppe   Tasche   Glocke   Rose   Gabel   Tanne   Mütze   Kröte   Tasse   Lupe

Suppe   –   _____

Socke   –   _____

Kanne   –   _____

Dose   –   _____

Hupe   –   _____

Pfütze   –   _____

Flasche   –   _____

Flöte   –   _____

Kasse   –   _____

Schnabel   –   _____

Ergänze die Sätze. Finde das richtige Wort.

Zum Lesen brauchen manche eine _____.

Alle Kinder gehen in die _____.

Im Salat sind Tomaten und eine _____.

Im Netz wartet eine dicke _____.

Auf dem Teich schwimmt eine kleine _____.

Oben auf dem Turm weht eine _____.

Oma strickt einen Pullover aus _____.

Spinne

Fahne

Brille

Wolle

Schule

Ente

Gurke

5

Verbinde die Silben und ergänze die Sätze. Finde das richtige Wort.

Ham •		Der _____ ist im Werkzeugkasten.
Rol •	• mer	Der _____ ist rot und blau.
Kel •		Der _____ ist ganz unten im Haus.
Zim •		Das _____ ist heute ganz ordentlich.
Som •	• ler	Der _____ ist die warme Jahreszeit.
Tel •		Der _____ ist nach dem Essen leer.

Ergänze bei jedem Wort die richtige Silbe. Schreibe das Wort noch einmal auf.

| bel | gel | sel |

Die Zwie⬚ brennt in den Augen.

die _____

Das Bild hängt an einem Na⬚.

der _____

Die Jacke hängt auf einem Bü⬚.

der _____

Die Kinder malen mit dem Pin⬚.

der _____

Im Spie⬚ siehst du dich selber.

der _____

Finde für jedes Wort das richtige Ende.

Hier musst du ganz genau auf das Ende hören!

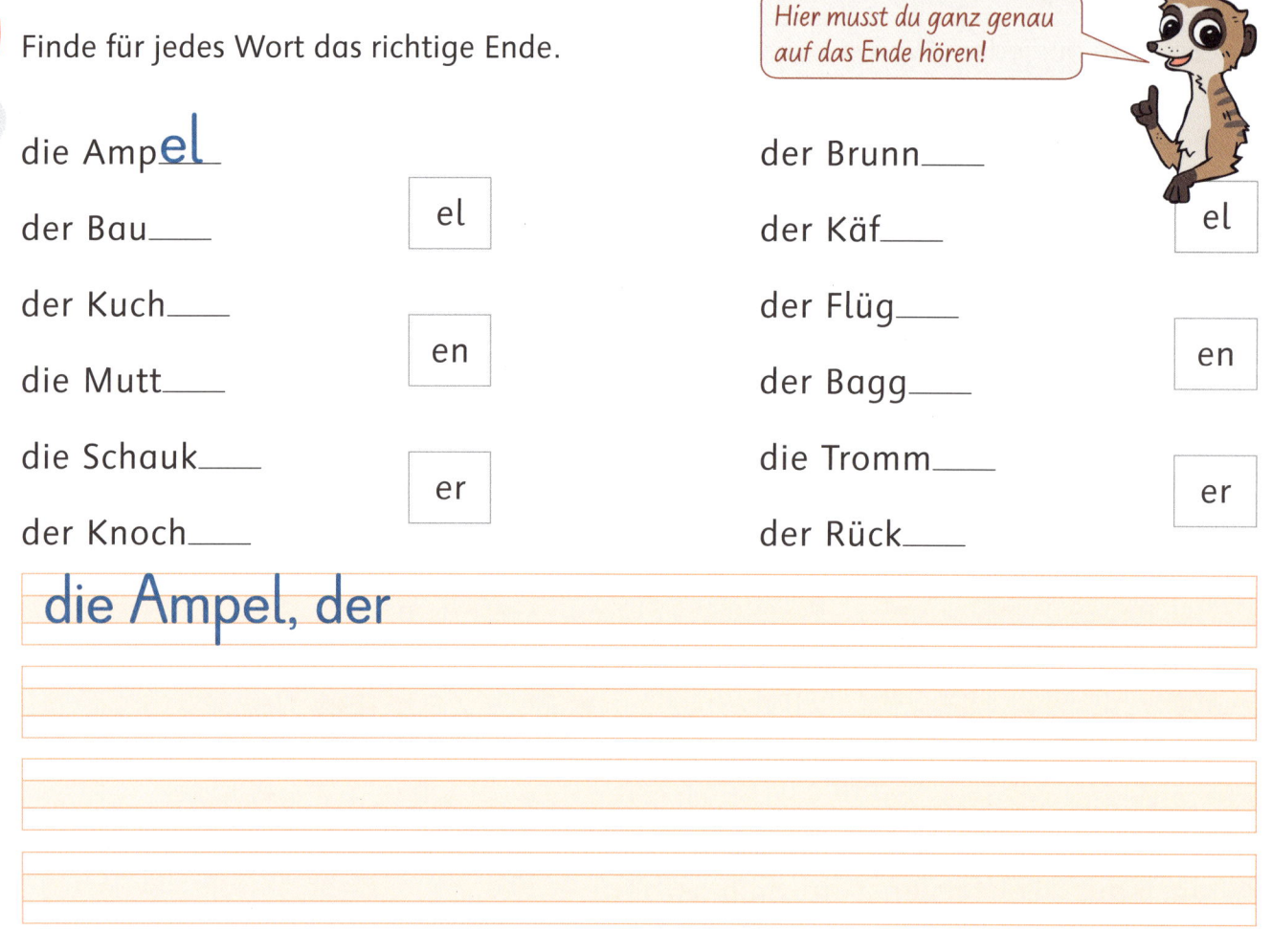

die Ampel

der Bau____

der Kuch____

die Mutt____

die Schauk____

der Knoch____

| el |

| en |

| er |

der Brunn____

der Käf____

der Flüg____

der Bagg____

die Tromm____

der Rück____

| el |

| en |

| er |

die Ampel, der

Schreibe die Wörter mit Begleiter richtig in die Tabelle.

-el	-en	-er
der		

Schreibe die Wörter mit Begleiter richtig in die Tabelle.

Das sch ist der einzige Laut, für den du drei Buchstaben brauchst.

| Kirsche | Schuh | Fisch | Dusche | Schwein | Frosch | Tasche | Schlange | Tisch |

Sch___	___sch___	___sch
das Schwein		

Wähle das richtige Wort aus und schreibe es in die Linie.

In der Schule müssen die Kinder schreiben.
~~schreien.~~

schreiben

Wer lange in der Sonne war, muss schnitzen.
schwitzen.

Man soll die Tür leise und vorsichtig schießen.
schließen.

Wenn man müde ist, muss man schlafen.
schlagen.

Im Winter fängt es an zu scheinen.
schneien.

11

In jedes Kästchen kommt ein Buchstabe.

Trage die Wörter in die Kästchen ein. Achte auf ➡ oder ⬇.

Waagerecht ➡

2 Da muss man bei Rot warten.
5 Daraus fällt manchmal Regen.
7 Darauf kannst du gemütlich sitzen.
9 Damit fegt man den Staub weg.

Senkrecht ⬇

1 Die benutzen wir zum Essen.
3 Das schmeckt kalt und süß im Sommer.
4 Die hat jeder mitten im Gesicht.
6 Damit kannst du alles größer sehen.
8 Er hat viele Stacheln und trinkt gern Milch.

Schreibe das richtige Wort zum Bild.
Male in jedem Wort das **Pf** an.

Achte genau auf den Anfang der Wörter.

| Pferd | Pfau | Pfütze | Pfeife |
| Pfeil | Pflaster | Pflaume | Pfanne |

Pf

 das

 der

 das

 die

 der

 die

 die

 die

13

Finde das richtige Wort für den Satz und schreibe es auf.

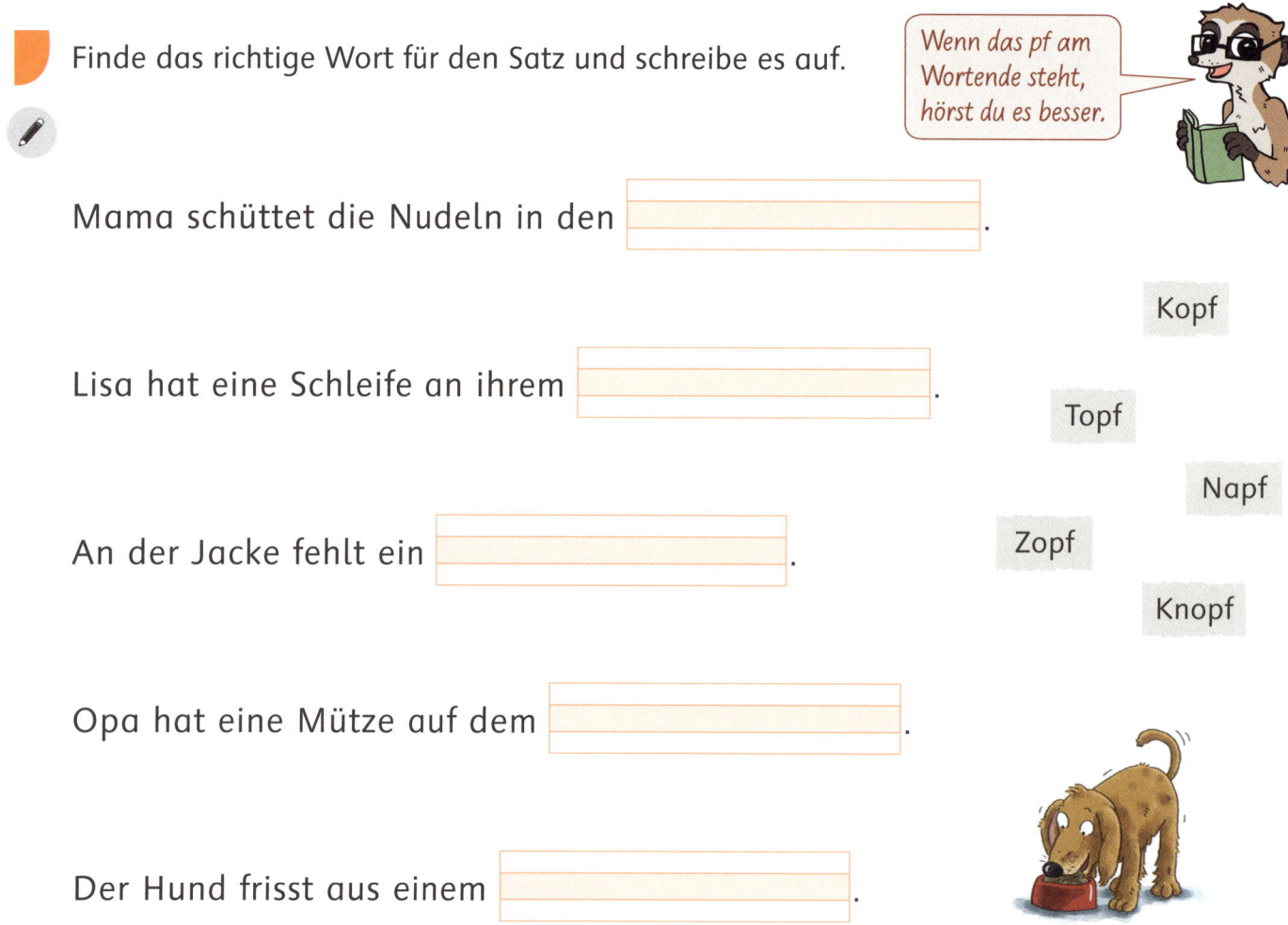

Wenn das pf am Wortende steht, hörst du es besser.

Mama schüttet die Nudeln in den _____ .

Lisa hat eine Schleife an ihrem _____ .

An der Jacke fehlt ein _____ .

Opa hat eine Mütze auf dem _____ .

Der Hund frisst aus einem _____ .

Kopf

Topf

Napf

Zopf

Knopf

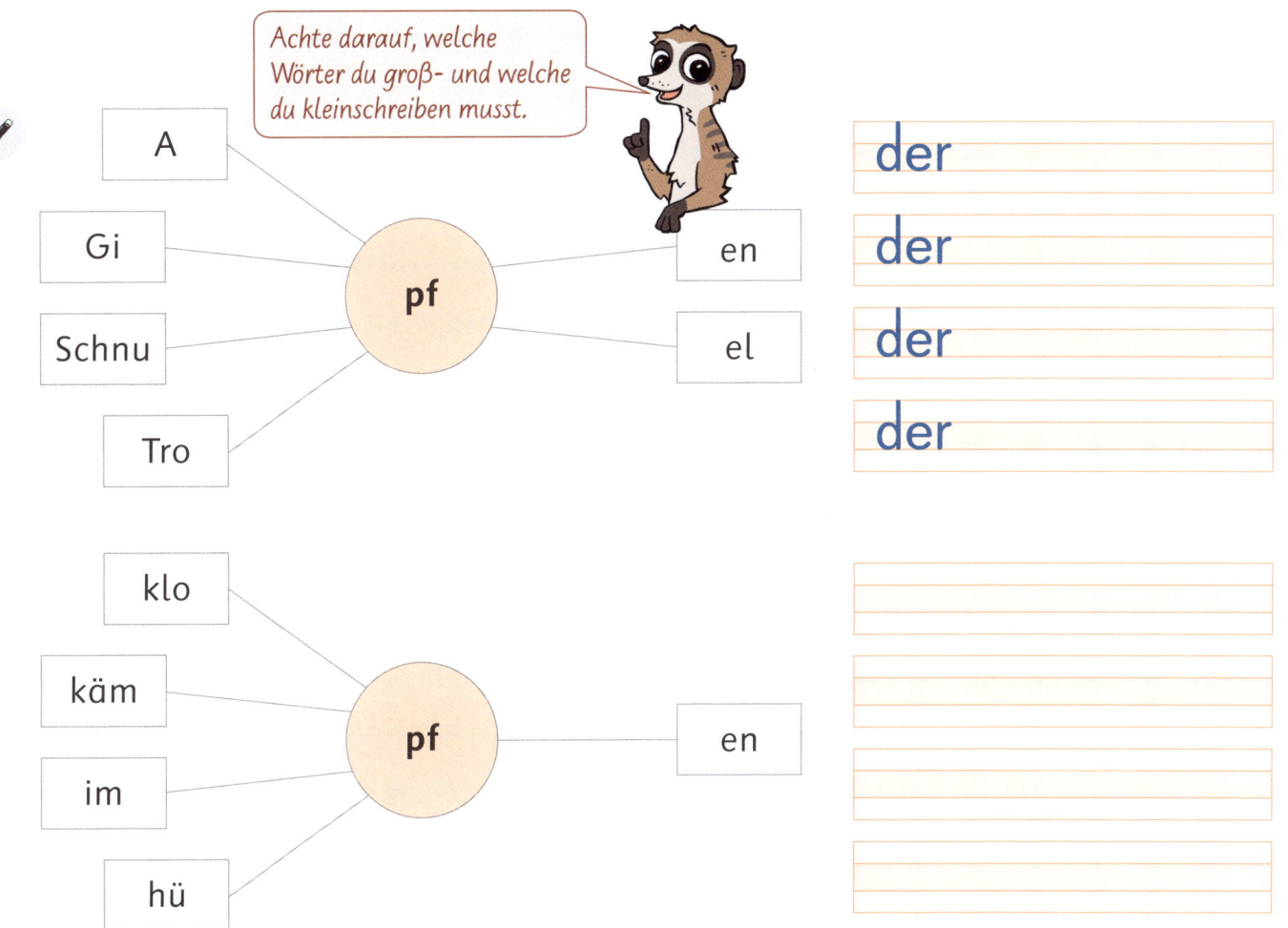

Achte darauf, welche Wörter du groß- und welche du kleinschreiben musst.

A

Gi

Schnu

Tro

pf

en

el

der

der

der

der

klo

käm

im

hü

pf

en

Diese Wörter haben ein **ng** in der Mitte oder am Ende. Male es an.

Schlange   Finger   Angel   Junge

der

der

die

die

Ring   Zeitung   Schmetterling

der

der

die

16

Finde für jeden Satz das richtige Ende. Schreibe die Wörter und male das **ng** an.
Schreibe auch die ich-Form.

springen   schwingen

singen   klingen   hängen

fangen   ich

Benni will das neue Lied **singen** .   **singe**

Svetlana versucht, Grashüpfer zu _____ .   _____

Murat will mit Stiefeln in die Pfütze _____ .   _____

Am Abend hört man oft die Glocken _____ .   _____

Tante Sina will Wäsche auf die Leine _____ .   _____

Auf der Schaukel kann Esra hoch _____ .   _____

Finde das passende Wort mit **nk**.

Bei diesen Wörtern hörst du deutlich ein k, darum schreibe es auch mit k!

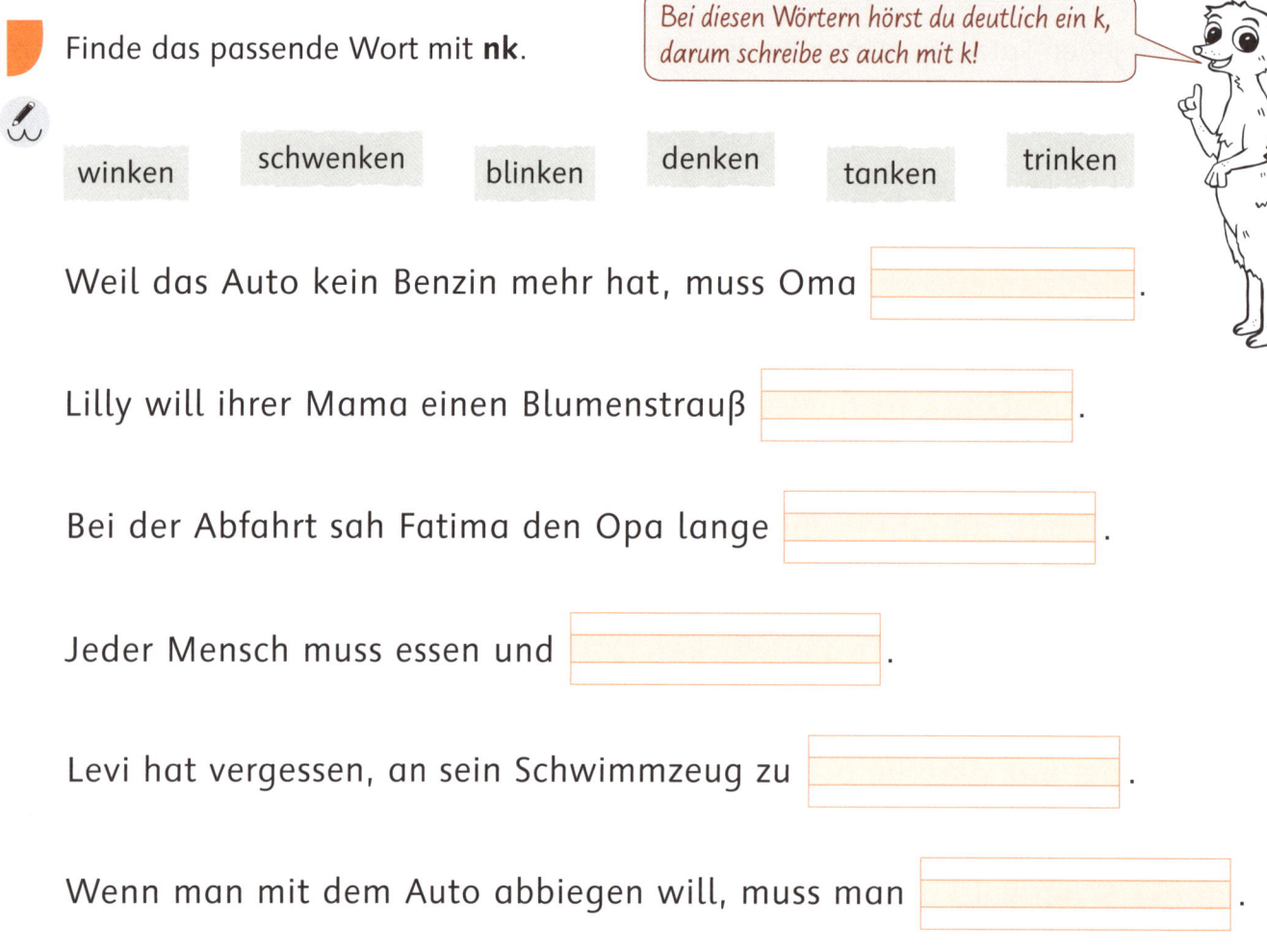

winken   schwenken   blinken   denken   tanken   trinken

Weil das Auto kein Benzin mehr hat, muss Oma _____.

Lilly will ihrer Mama einen Blumenstrauß _____.

Bei der Abfahrt sah Fatima den Opa lange _____.

Jeder Mensch muss essen und _____.

Levi hat vergessen, an sein Schwimmzeug zu _____.

Wenn man mit dem Auto abbiegen will, muss man _____.

Ordne die Wörter richtig in die Tabelle ein.

ng	nk
der	der

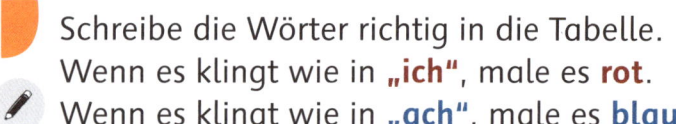

Schreibe die Wörter richtig in die Tabelle.
Wenn es klingt wie in **„ich"**, male es **rot**.
Wenn es klingt wie in **„ach"**, male es **blau**.

Wörter mit ch

Till und Luisa machen Krach.

Das Licht brennt ja noch!

Die Kinder kichern und lachen.

Im Becher ist frische Milch.

Oma hat den Bauch voller Kuchen.

Dieses Buch habe ich schon gelesen.

Die letzte Aufgabe war nicht richtig.

20

ch kann klingen wie
in **„ich"** oder in **„ach"**.

ch wie in **ich**	**ch** wie in **ach**
	machen
	Krach

Setze das passende Wort mit **ch** ein. Wenn es klingt wie in **„ich"**, male es **rot**. Wenn es klingt wie in **„ach"**, male es **blau**.

Tochter   Päckchen   Woche   Brötchen   Knochen   Unterricht

Müllers haben einen Sohn und eine _____ .

Sieben Tage sind eine _____ .

Nach der Pause beginnt wieder der _____ .

Wir essen am Sonntag gerne frische _____ .

Unser Hund nagt gern an einem _____ .

Der Briefträger bringt heute ein _____ .

Viel Spaß!

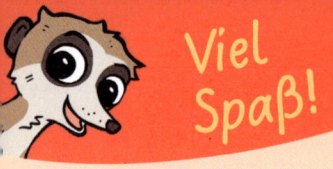

Wie kommt der Ball ins Tor? Suche die Silbenkönige, dann findest du den Weg.

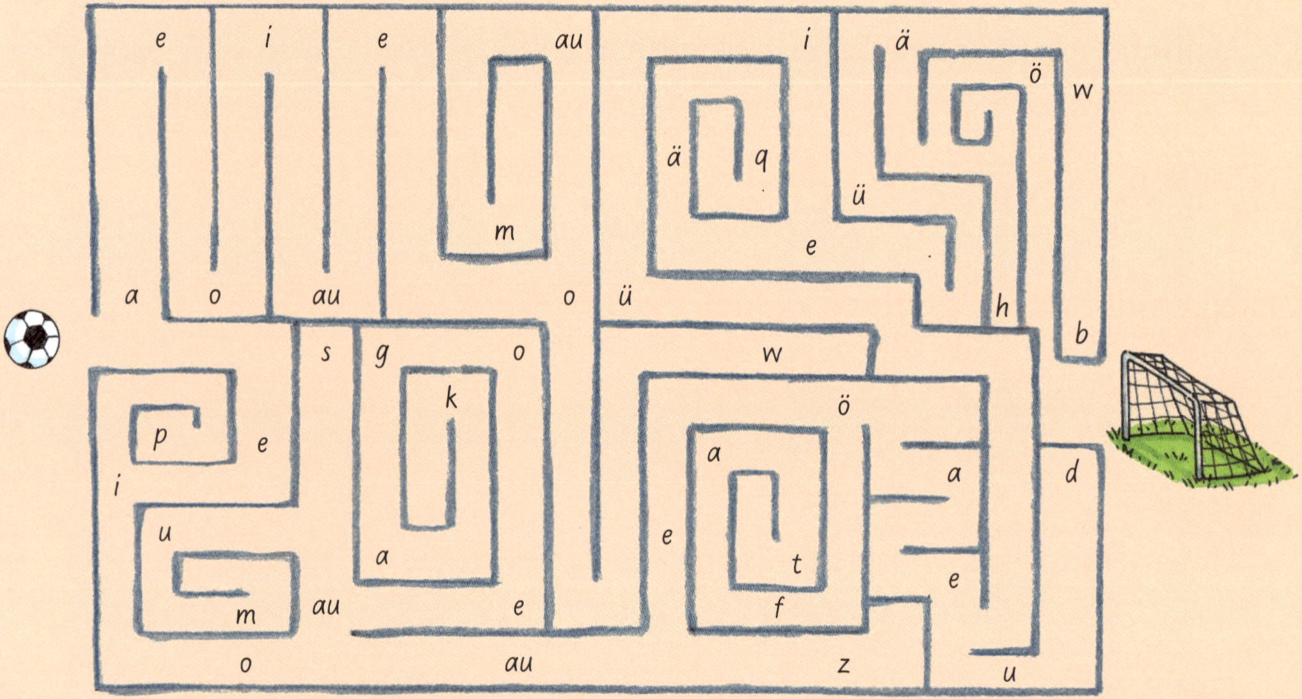
e i e au i ä
ö w
ä q
ü
m e
a o au o ü h
b
s g o w
k ö
p e
a a d
i
u e
t e
a
m au e f
o au z u

1

Male die Silbenkönige farbig an. Ordne die Wörter richtig ein.

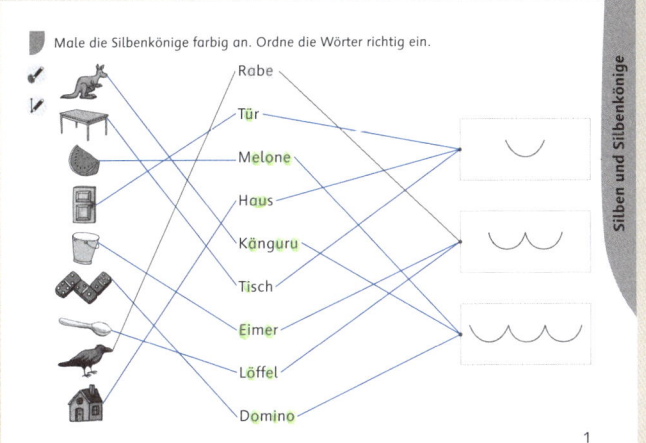

Rabe
Tür
Melone
Haus
Känguru
Tisch
Eimer
Löffel
Domino

2

Setze aus den Silben die Wörter zusammen und schreibe sie auf.

Manchmal steht der Silbenkönig am Ende der Silbe.

So	He	Di	Do		Au	Lu	Ro	La
no	fa	xe	se		pe	to	ma	se

das **Sofa**   die **Rose**

die **Hexe**   das **Auto**

der **Dino**   die **Lupe**

die **Dose**   das **Lama**

3

Setze aus den Silben die Wörter zusammen und schreibe sie auf.

Manchmal folgt nach dem Silbenkönig noch ein Mitlaut.

Gür	Löf	Ham	Kak		Pin	Am	Gar	Wür
fel	mer	tus	tel		ten	sel	fel	pel

der **Hammer**   der **Garten**

der **Löffel**   der **Pinsel**

der **Gürtel**   die **Ampel**

der **Kaktus**   der **Würfel**

4

Ergänze das Reimwort.

Viele Wörter haben am Ende ein e, das man fast nicht hört.

Puppe   Tasche   Glocke   Rose   Gabel   Tanne   Mütze   Kröte   Tasse   Lupe

Suppe – **Puppe**   Pfütze – **Mütze**

Socke – **Glocke**   Flasche – **Tasche**

Kanne – **Tanne**   Flöte – **Kröte**

Dose – **Rose**   Kasse – **Tasse**

Hupe – **Lupe**   Schnabel – **Gabel**

23

Ergänze die Sätze. Finde das richtige Wort.

Zum Lesen brauchen manche eine **Brille**.

Alle Kinder gehen in die **Schule**.

Im Salat sind Tomaten und eine **Gurke**.

Im Netz wartet eine dicke **Spinne**.

Auf dem Teich schwimmt eine kleine **Ente**.

Oben auf dem Turm weht eine **Fahne**.

Oma strickt einen Pullover aus **Wolle**.

| Spinne |
| Fahne |
| Brille |
| Wolle |
| Schule |
| Ente |
| Gurke |

5

6

Verbinde die Silben und ergänze die Sätze. Finde das richtige Wort.

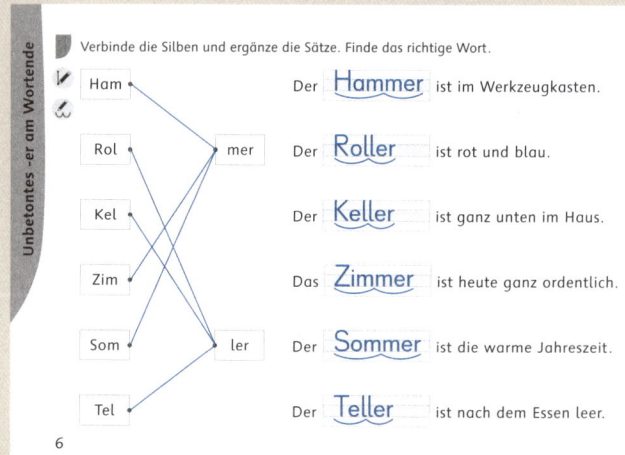

Ham · Rol · Kel · Zim · Som · Tel — mer / ler

Der **Hammer** ist im Werkzeugkasten.

Der **Roller** ist rot und blau.

Der **Keller** ist ganz unten im Haus.

Das **Zimmer** ist heute ganz ordentlich.

Der **Sommer** ist die warme Jahreszeit.

Der **Teller** ist nach dem Essen leer.

Ergänze bei jedem Wort die richtige Silbe. Schreibe das Wort noch einmal auf.

bel   gel   sel

Die Zwie**bel** brennt in den Augen.   die **Zwiebel**

Das Bild hängt an einem Na**gel**.   der **Nagel**

Die Jacke hängt auf einem Bü**gel**.   der **Bügel**

Die Kinder malen mit dem Pin**sel**.   der **Pinsel**

Im Spie**gel** siehst du dich selber.   der **Spiegel**

7

8

Finde für jedes Wort das richtige Ende.

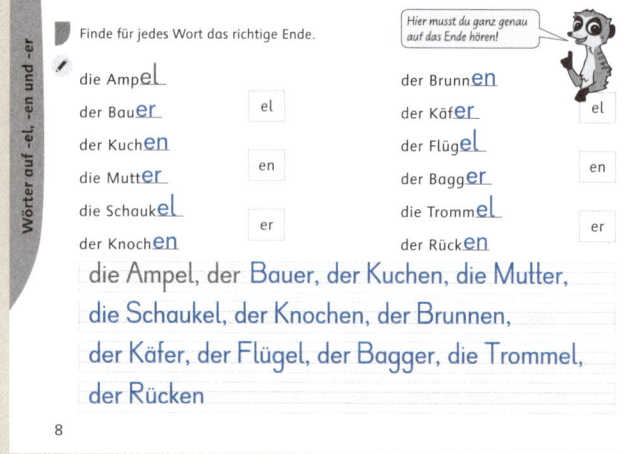

Hier musst du ganz genau auf das Ende hören!

die Amp**el**   der Brunn**en**

der Bau**er**   el   der Käf**er**   el

der Kuch**en**   der Flüg**el**

die Mutt**er**   en   der Bagg**er**   en

die Schauk**el**   die Tromm**el**

der Knoch**en**   er   der Rück**en**   er

die Ampel, der Bauer, der Kuchen, die Mutter,
die Schaukel, der Knochen, der Brunnen,
der Käfer, der Flügel, der Bagger, die Trommel,
der Rücken

Schreibe die Wörter mit Begleiter richtig in die Tabelle.

-el	-en	-er
der Gürtel	der Kuchen	das Messer
der Apfel	der Regen	die Leiter
die Tafel	der Besen	das Wasser
der Würfel	der Haken	der Eimer

9

Schreibe die Wörter mit Begleiter richtig in die Tabelle.

Das sch ist der einzige Laut, für den du drei Buchstaben brauchst.

Kirsche   Schuh   Fisch   Dusche   Schwein   Frosch   Tasche   Schlange   Tisch

Sch___	___sch___	___sch
das Schwein	die Kirsche	der Frosch
der Schuh	die Dusche	der Fisch
die Schlange	die Tasche	der Tisch

10

Wähle das richtige Wort aus und schreibe es in die Linie.

In der Schule müssen die Kinder ~~schreien.~~ schreiben.
schreiben

Wer lange in der Sonne war, muss ~~schnitzen.~~ schwitzen.
schwitzen

Man soll die Tür leise und vorsichtig ~~schießen.~~ schließen.
schließen

Wenn man müde ist, muss man ~~schlagen.~~ schlafen.
schlafen

Im Winter fängt es an zu ~~scheinen.~~ schneien.
schneien

11

Viel Spaß!

Trage die Wörter in die Kästchen ein. Achte auf ➡ oder ⬇.

In jedes Kästchen kommt ein Buchstabe.

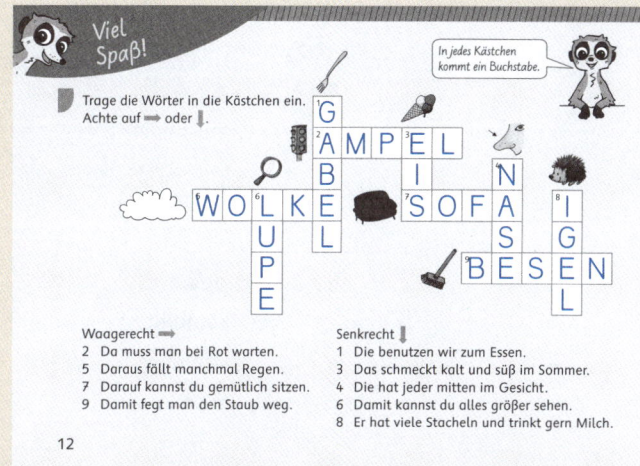

Waagerecht ➡
2 Da muss man bei Rot warten.
5 Daraus fällt manchmal Regen.
7 Darauf kannst du gemütlich sitzen.
9 Damit fegt man den Staub weg.

Senkrecht ⬇
1 Die benutzen wir zum Essen.
3 Das schmeckt kalt und süß im Sommer.
4 Die hat jeder mitten im Gesicht.
6 Damit kannst du alles größer sehen.
8 Er hat viele Stacheln und trinkt gern Milch.

12

Seite 13

Schreibe das richtige Wort zum Bild.
Male in jedem Wort das **Pf** an.

Achte genau auf den Anfang der Wörter.

Pferd Pfau Pfütze Pfeife

Pfeil Pflaster Pflaume Pfanne

Pf

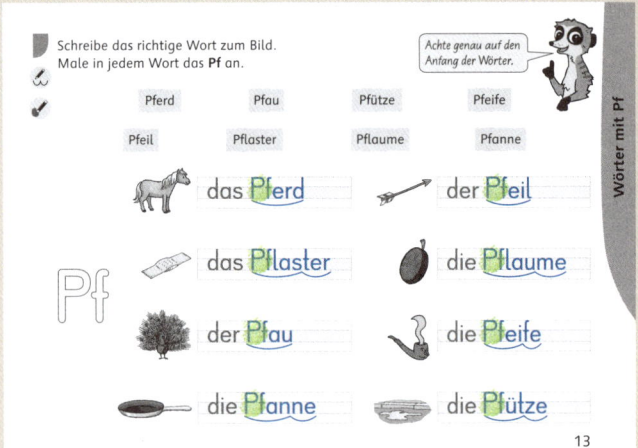

das Pferd — der Pfeil

das Pflaster — die Pflaume

der Pfau — die Pfeife

die Pfanne — die Pfütze

13

Seite 14

Finde das richtige Wort für den Satz und schreibe es auf.

Wenn das pf am Wortende steht, hörst du es besser.

Mama schüttet die Nudeln in den **Topf**.

Lisa hat eine Schleife an ihrem **Zopf**.

An der Jacke fehlt ein **Knopf**.

Opa hat eine Mütze auf dem **Kopf**.

Der Hund frisst aus einem **Napf**.

Kopf Topf Napf Zopf Knopf

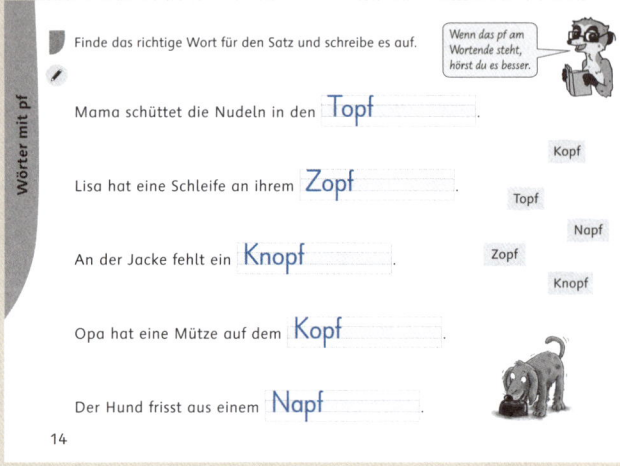

14

Seite 15

Achte darauf, welche Wörter du groß- und welche du kleinschreiben musst.

A — pf — en
Gi — — el
Schnu
Tro

der Apfel
der Gipfel
der Schnupfen
der Tropfen

klo — pf — en
käm
im
hü

klopfen
kämpfen
impfen
hüpfen

15

Seite 16

Diese Wörter haben ein **ng** in der Mitte oder am Ende. Male es an.

Schlange Finger Angel Junge

der Junge — der Finger

die Angel — die Schlange

Ring Zeitung Schmetterling

der Ring — der Schmetterling

die Zeitung

16

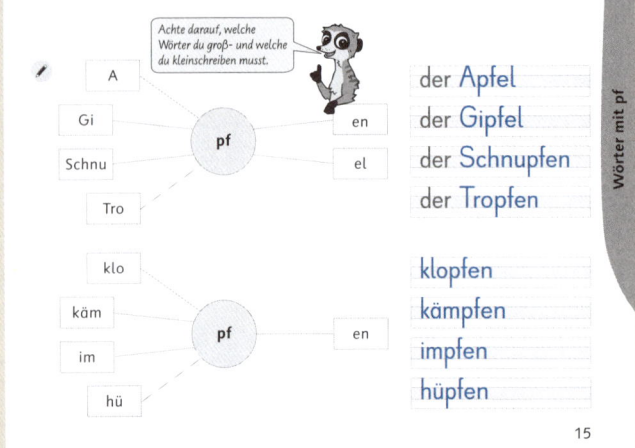

26

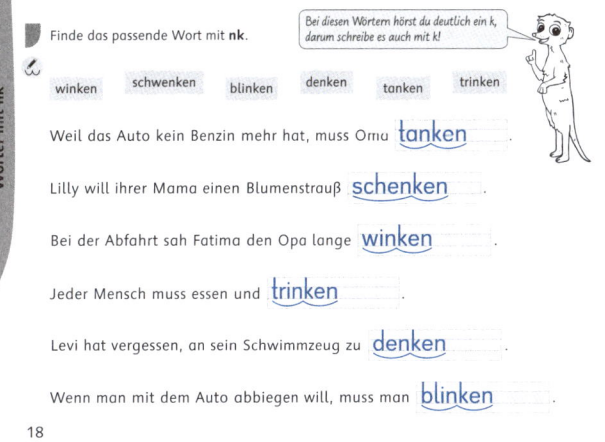

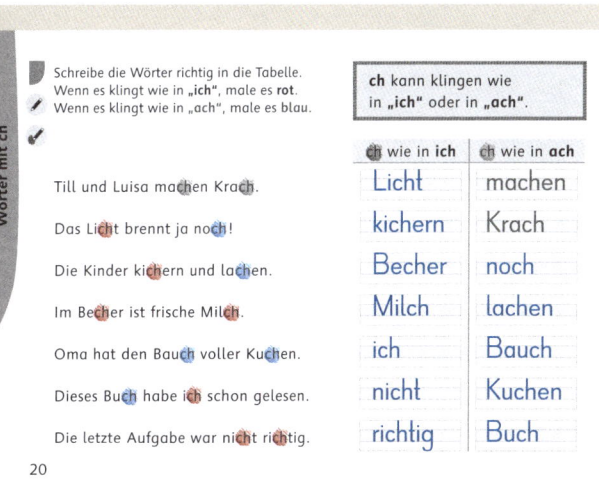

Page 17

Finde für jeden Satz das richtige Ende. Schreibe die Wörter und male das **ng** an.
Schreibe auch die ich-Form.

singen   klingen   springen   hängen   schwingen
fangen   ich

Benni will das neue Lied **singen** .   **singe**

Svetlana versucht, Grashüpfer zu **fangen** .   **fange**

Murat will mit Stiefeln in die Pfütze **springen** .   **springe**

Am Abend hört man oft die Glocken **klingen** .   **klinge**

Tante Sina will Wäsche auf die Leine **hängen** .   **hänge**

Auf der Schaukel kann Esra hoch **schwingen** .   **schwinge**

Wörter mit ng

17

Page 18

Finde das passende Wort mit **nk**.

> Bei diesen Wörtern hörst du deutlich ein k, darum schreibe es auch mit k!

winken   schwenken   blinken   denken   tanken   trinken

Weil das Auto kein Benzin mehr hat, muss Oma **tanken**

Lilly will ihrer Mama einen Blumenstrauß **schenken**

Bei der Abfahrt sah Fatima den Opa lange **winken**

Jeder Mensch muss essen und **trinken**

Levi hat vergessen, an sein Schwimmzeug zu **denken**

Wenn man mit dem Auto abbiegen will, muss man **blinken**

Wörter mit nk

18

Page 19

Ordne die Wörter richtig in die Tabelle ein.

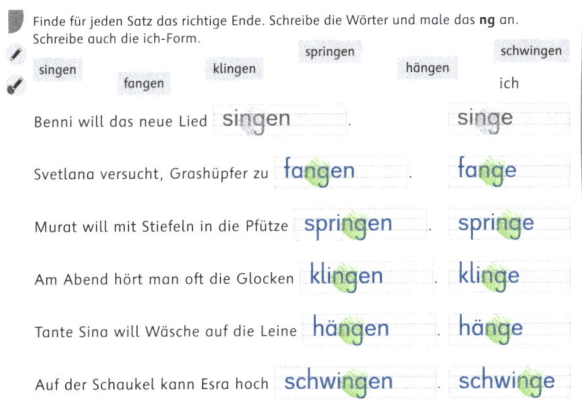

ng	nk
der Junge	der Schrank
die Schlange	der Krankenwagen
der Finger	das Geschenk
der Ring	die Bank

Wörter mit ng und nk

19

Page 20

Schreibe die Wörter richtig in die Tabelle.
Wenn es klingt wie in „**ich**", male es **rot**.
Wenn es klingt wie in „**ach**", male es **blau**.

> **ch** kann klingen wie in „**ich**" oder in „**ach**".

Till und Luisa machen Krach.

Das Licht brennt ja noch!

Die Kinder kichern und lachen.

Im Becher ist frische Milch.

Oma hat den Bauch voller Kuchen.

Dieses Buch habe ich schon gelesen.

Die letzte Aufgabe war nicht richtig.

ch wie in **ich**	ch wie in **ach**
Licht	machen
kichern	Krach
Becher	noch
Milch	lachen
ich	Bauch
nicht	Kuchen
richtig	Buch

Wörter mit ch

20

Lösungen

27

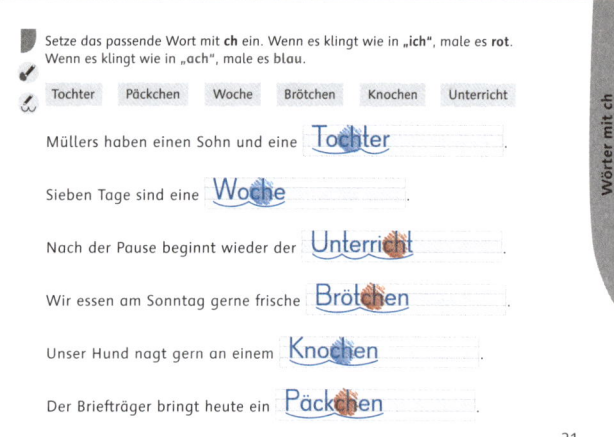

Setze das passende Wort mit **ch** ein. Wenn es klingt wie in „**ich**", male es **rot**. Wenn es klingt wie in „**ach**", male es **blau**.

Tochter   Päckchen   Woche   Brötchen   Knochen   Unterricht

Müllers haben einen Sohn und eine **Tochter**

Sieben Tage sind eine **Woche**.

Nach der Pause beginnt wieder der **Unterricht**.

Wir essen am Sonntag gerne frische **Brötchen**.

Unser Hund nagt gern an einem **Knochen**.

Der Briefträger bringt heute ein **Päckchen**.

21

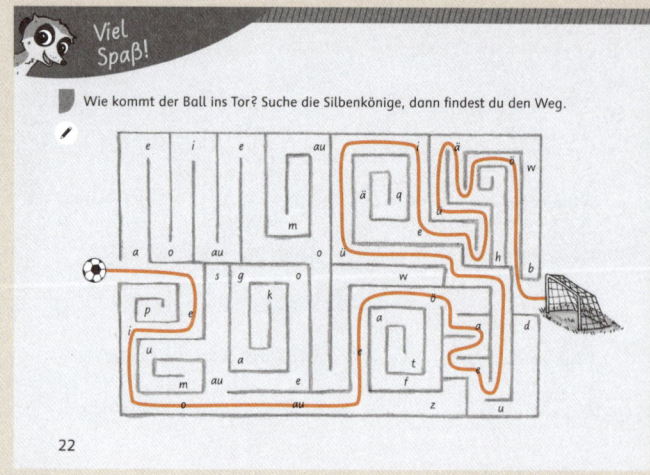

Viel Spaß!

Wie kommt der Ball ins Tor? Suche die Silbenkönige, dann findest du den Weg.

22

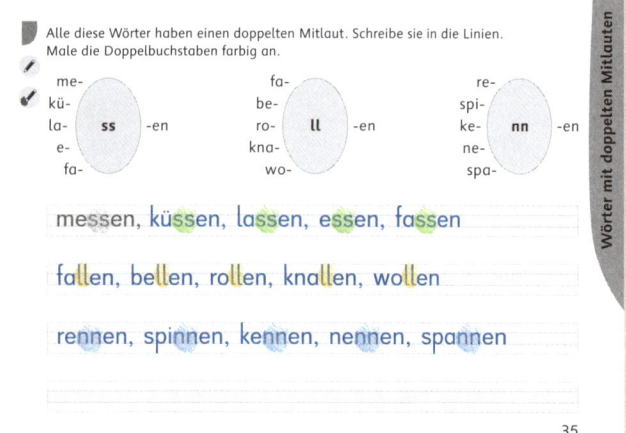

Alle diese Wörter haben einen doppelten Mitlaut. Schreibe sie in die Linien. Male die Doppelbuchstaben farbig an.

me-   fa-   re-
kü-   be-   spi-
la-   **ss** -en   ro-   **ll** -en   ke-   **nn** -en
e-   kna-   ne-
fa-   wo-   spa-

messen, küssen, lassen, essen, fassen

fallen, bellen, rollen, knallen, wollen

rennen, spinnen, kennen, nennen, spannen

35

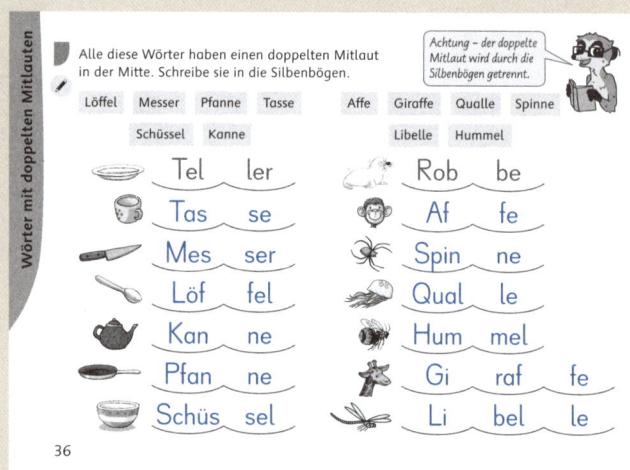

36

Alle diese Wörter haben einen doppelten Mitlaut in der Mitte. Schreibe sie in die Silbenbögen.

Achtung – der doppelte Mitlaut wird durch die Silbenbögen getrennt.

Löffel   Messer   Pfanne   Tasse   Affe   Giraffe   Qualle   Spinne
Schüssel   Kanne   Libelle   Hummel

Tel   ler   Rob   be
Tas   se   Af   fe
Mes   ser   Spin   ne
Löf   fel   Qual   le
Kan   ne   Hum   mel
Pfan   ne   Gi   raf   fe
Schüs   sel   Li   bel   le

28

Setze aus den Silben die Wörter zusammen. Achte auf den Doppelbuchstaben.

✓ Er ist ganz unten im Haus.

| Kel | | pe |

der **Keller**

Auf ihr geht man hoch bis zur Wohnung.

| Trep | | sel |

die **Treppe**

Damit öffnet man die Wohnungstür.

| Schlüs | | ler |

der **Schlüssel**

Sie gibt uns Licht und leuchtet hell.

| Son | | ser |

die **Sonne**

An ihm sind oft Wolken zu sehen.

| Him | | ne |

der **Himmel**

Das braucht man, wenn man Durst hat.

| Was | | mel |

das **Wasser**

37

Suche jeweils zwei Silben und bilde Wörter.
Ordne sie in die Tabelle ein.

Wet	Was	Mut	Him	Ras	Klam	Kis	Don	Tun
sel	ter	ter	ner	ser	sen	mer	nel	mel

der	die	das
Himmel	Mutter	Wetter
Donner	Rassel	Wasser
Tunnel	Klammer	Kissen

38

Wähle das richtige Wort aus und schreibe es in die Linie.
Male den doppelten Buchstaben farbig an.

✓ Beim Einkaufen bezahlt man an der

~~Klasse~~
Kasse

Kasse

Eis bekommt man meist in einer

Waffel
~~Waffe~~

Waffel

Der neue Pullover ist aus

~~Welle~~
Wolle

Wolle

Manche Kinder baden gern in der

Wanne
~~Kanne~~

Wanne

Lilly wünscht sich eine neue

~~Klette~~
Kette

Kette

An der Wäscheleine steckt eine

Klammer
~~Kammer~~

Klammer

39

Suche für jeden Satz ein passendes Verb im Kasten.
Male alle doppelten Mitlaute bunt an.

| wissen | essen | irren | treffen | schwimmen | gewinnen |

Jeder Mensch muss trinken und   **essen** .

Der Ball muss das Tor   **treffen** .

Bei einem Spiel will jeder   **gewinnen**

Es ist nicht schlimm, sich mal zu   **irren**

Was 1 + 1 ist, sollte jeder   **wissen**

Wer ins Wasser fällt, muss   **schwimmen**

40

Schreibe die verdeckten Wörter auf.

Viel Spaß!

Die Eule ist ein Nachttier.
In der Nacht fliegt sie herum
und jagt ihre Beute.
Am liebsten fängt sie Mäuse.

Die Eule, Nachttier, sie, und,
Beute, liebsten

41

Immer, wenn du **scht** hörst oder sprichst, schreibst du **St/st**.

Genau hinhören und gut merken!

Wörter mit St

Male die Bilder an, die mit **St** beginnen. Schreibe die Wörter auf.

der Strumpf, der Stein, der Stock, der Stuhl,
der Stift, der Stempel, der Stern, der Storch

42

Hier fehlen einige Wörter. Suche aus dem Kasten unten passende Wörter heraus und schreibe sie auf die Linien.

| Stuhl | Sterne | Sturm | Stock | Stunde | Straße |

In der Nacht sieht man am Himmel Mond und Sterne .

Die Autos fahren auf der Straße .

Alte Leute gehen oft mit einem Stock .

In der Schule sitzt jedes Kind auf einem Stuhl .

60 Minuten sind eine Stunde .

Sehr starken Wind nennt man auch Sturm .

Wörter mit St

43

Immer, wenn du **schp** hörst oder sprichst, schreibst du **Sp/sp**.

Genau hinhören und gut merken!

Wörter mit Sp

Male die Bilder an, die mit **Sp** beginnen. Schreibe die Wörter auf.

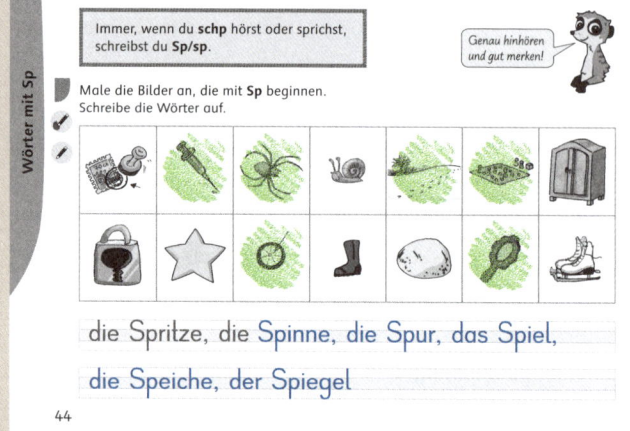

die Spritze, die Spinne, die Spur, das Spiel,
die Speiche, der Spiegel

44

Hier fehlen einige Wörter. Suche aus dem Kasten passende Wörter heraus und schreibe sie auf.

Spur   Spritze   Spaghetti   Specht   Spitze   Spucke   Sprache   Spaß

Kinder essen gerne Tomatensoße mit **Spaghetti** .

Der Arzt gibt dem Patienten eine **Spritze** .

Manche sprechen außer Deutsch noch eine **Sprache** .

Wenn der Hund durch Schnee läuft, sieht man eine **Spur** .

Schöne Aufgaben in der Schule machen **Spaß** .

Der Vogel, der an die Bäume hämmert, heißt **Specht** .

Die Flüssigkeit im Mund nennt man **Spucke** .

Eine Nadel hat ganz vorn eine **Spitze** .

45

Wörter mit Sp

Verbinde die Silben und schreibe die Wörter in den passenden Satz.

sp
- ielen — Matti kann toll Trompete **spielen** .
- reicheln — Es macht Spaß, mit Wasser zu **spritzen** .
- ritzen — Aus Wolle kann man einen Schal **stricken** .
- ucken — Fremde Tiere soll man nicht **streicheln** .

st
- ören — Es ist nicht schön, auf die Straße zu **spucken** .
- ricken — Ich will Papa jetzt lieber nicht **stören** .
- rechen — Babys können noch nicht **sprechen** .

46

Wörter mit sp und st

Male alle **tz** bunt an und schreibe die Wörter noch einmal auf.

Katzen können stundenlang auf ihrem Pla**tz** si**tz**en und sich pu**tz**en. Mit ihrer Zunge lecken sie einfach den Schmu**tz** weg. Wenn sie ganz vertieft sind, darf man sie nicht stören, sonst kra**tz**en sie mit ihren spi**tz**en Krallen und können Kinder ganz plö**tz**lich an der Hand verle**tz**en.

An warmen Tagen können sie auch schwi**tz**en und müssen vor der Hi**tz**e geschü**tz**t werden. Manche Leute spannen ein Ne**tz** auf dem Balkon. Wenn es donnert und bli**tz**t, kommen Ka**tz**en in le**tz**ter Sekunde schnell ins Haus gehe**tz**t. Sie mögen es nämlich nicht, mit Wasser angespri**tz**t zu werden.

Katzen, Platz, sitzen, putzen, Schmutz, kratzen, spitzen, plötzlich, verletzen, schwitzen, Hitze, geschützt, Netz, blitzt, Katzen, letzter, gehetzt, angespritzt

47

Wörter mit tz

Verbinde und schreibe die Wörter in der **Einzahl** und der **Mehrzahl** in die Silbenbögen.

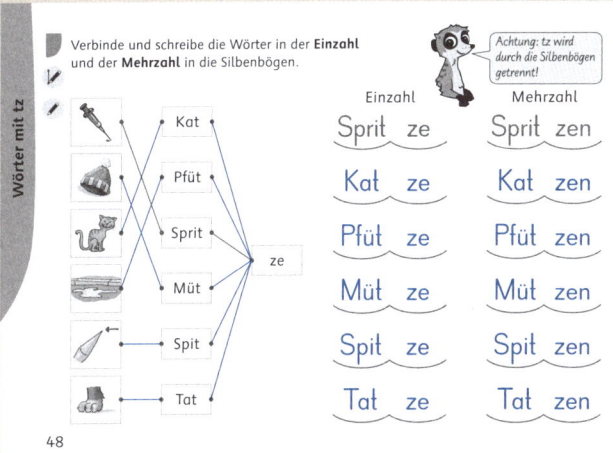

Achtung: tz wird durch die Silbenbögen getrennt!

- Kat
- Pfüt
- Sprit
- Müt
- Spit
- Tat

ze

Einzahl	Mehrzahl
Sprit ze	Sprit zen
Kat ze	Kat zen
Pfüt ze	Pfüt zen
Müt ze	Müt zen
Spit ze	Spit zen
Tat ze	Tat zen

48

Wörter mit tz

Lösungen

31

Finde das passende Wort mit **tz** und schreibe den Satz fertig. Male jedes **tz** an.

Manchmal steht tz auch am Ende des Wortes.

Platz   Satz   Netz   Schmutz   Blitz   Witz   Schatz

Bei Gewitter hörst du den Donner und siehst den **Blitz** .

Die Kinder erzählen sich den neuesten **Witz** .

Auf der Pirateninsel gibt es vielleicht einen **Schatz** .

Im Klassenzimmer hat jedes Kind seinen **Platz** .

Auf der Rückseite vom Fußballtor ist ein **Netz** .

Punkt oder Fragezeichen zeigt das Ende vom **Satz** .

Die Schuhe sind voller **Schmutz** .

49

Male alle **ck** bunt an und schreibe die Wörter noch einmal auf.

Der Wecker klingelt. Emil bekommt einen Schreck, aber zum Glück ist es noch nicht zu spät. Er nimmt seine trockenen Sachen und die dicken Socken von der Leine und packt sie in den Rucksack. Papa hat leckere Kuchenstücke vom Bäcker geholt. Hoffentlich schmeckt es im Zeltlager auch so gut, sagt Emil. Mama sagt, er soll aufpassen, dass die Jacke nicht so schnell dreckig wird. Zum Abschied drückt sie ihn ganz fest und blickt ihm lange nach. In zwei Wochen erst kommt er zurück.

Wecker, Schreck, Glück, trockenen, dicken,

Socken, packt, Rucksack, leckere, Kuchenstücke,

Bäcker, schmeckt, Jacke, dreckig, drückt, blickt,

zurück

50

Bilde Wörter mit **cke** und schreibe sie auf.

Achtung: ck bleibt in den Silben immer zusammen: Brü-cke

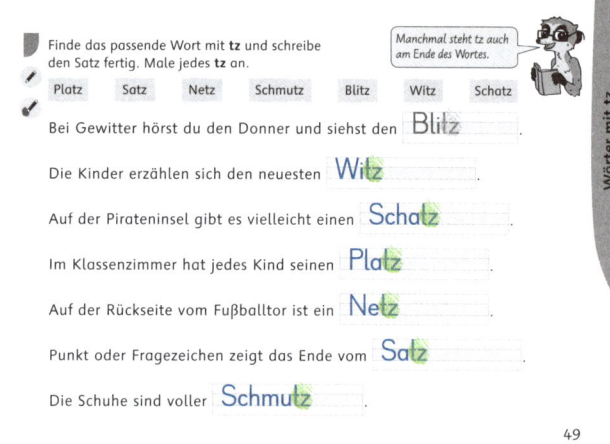

Mü   Brü
Stre   cke
Ze

die Brücke, die Mücke,

die Strecke, die Zecke,

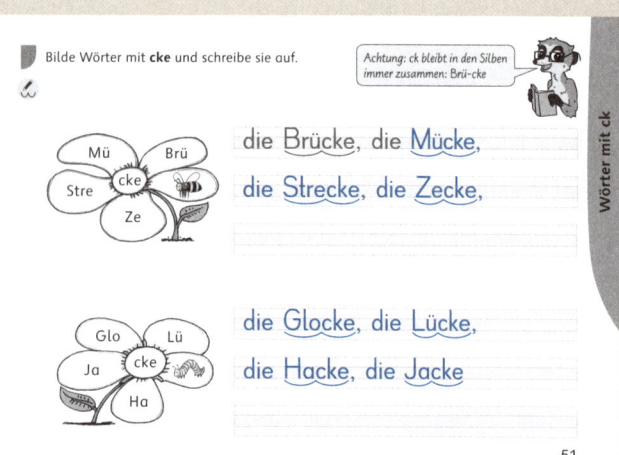

Glo   Lü
Ja   cke
Ha

die Glocke, die Lücke,

die Hacke, die Jacke

51

Viel Spaß!

Male alle Felder mit st gelb und mit sp grün an.

52

32

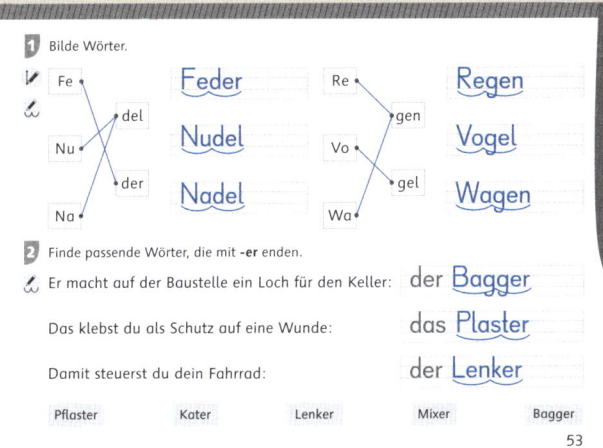

1 Bilde Wörter.

Fe ——— Feder
Nu ——— del
Na ——— der
——— Nudel
——— Nadel

Re ——— Regen
Vo ——— gen
Wa ——— gel
——— Vogel
——— Wagen

2 Finde passende Wörter, die mit **-er** enden.

Er macht auf der Baustelle ein Loch für den Keller: der Bagger

Das klebst du als Schutz auf eine Wunde: das Plaster

Damit steuerst du dein Fahrrad: der Lenker

| Pflaster | Kater | Lenker | Mixer | Bagger |

53

Finde das richtige Wort und ergänze den Satz.

| Bach | Nacht | Pech | Teich | Stich | Küche | Buch | Tuch |

Hinter Omas Haus plätschert ein kleiner Bach .

Wenn die Mücke dich piekst, hast du einen Stich .

Herd und Kühlschrank stehen in der Küche .

Jannis liegt auf dem Sofa und liest sein neues Buch .

Wenn einmal alles schiefgeht, hast du Pech .

Mond und Sterne sieht man in der Nacht .

Die Frösche quaken laut in dem kleinen Teich .

Eine Brille putzt man mit einem sauberen Tuch .

54

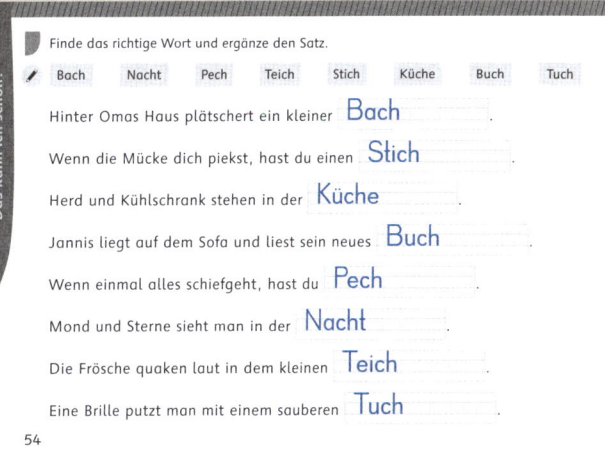

Alle diese Wörter haben einen doppelten Mitlaut: **nn, ll, ss, tt, ff, pp**.
Schreibe sie auf.

der Schlüssel   die Wolle

die Treppe   die Qualle

der Roller   das Wasser

der Löffel   die Puppe

die Kette   die Spinne

die Welle   der Affe

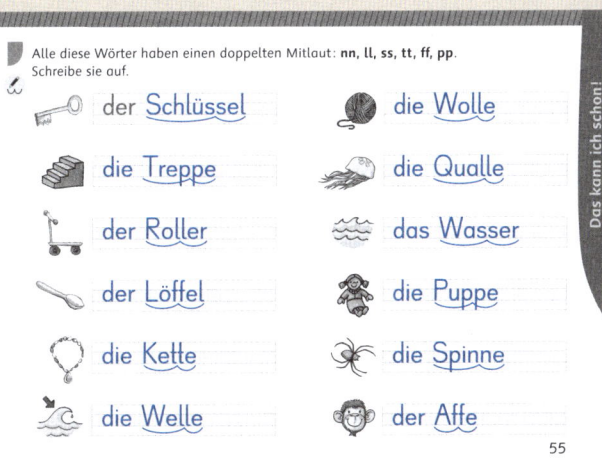

55

---

1 Was hörst du am Anfang von Wörtern, die du mit **st** schreibst?

○ schr   ✗ scht   ○ tsch

2 Ordne richtig zu.

Sehr starken Wind nennt man • — • Spur
Im tiefen Schnee sieht man eine • — • Strom
Indianer haben Pfeil und Bogen und einen • — • Strauß
Alle elektrischen Geräte brauchen • — • Sturm
Viele Blumen in einer Vase sind ein • — • Speer
Blumen haben Blüte, Blätter und den • — • Sprachen
Zu viele Autos auf der Straße bilden einen • — • Stängel
Es gibt auf der Welt viele verschiedene • — • Stau

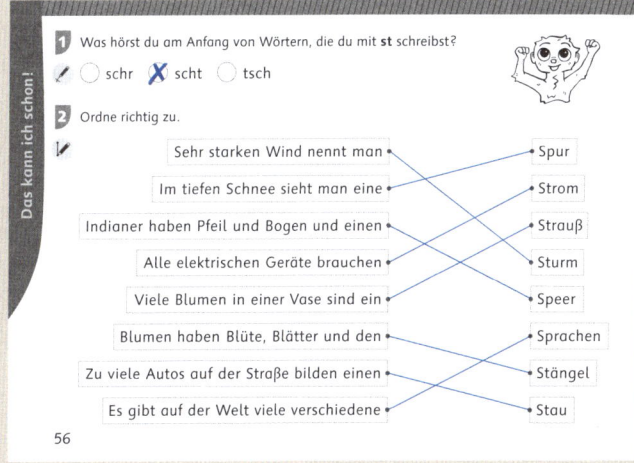

56

33

Male in dem Haufen alle **sch rot** und alle **ch blau** an. Für jedes gefundene **sch** darfst du in dem großen **sch** ein Feld anmalen. Mache es bei **ch** genauso.

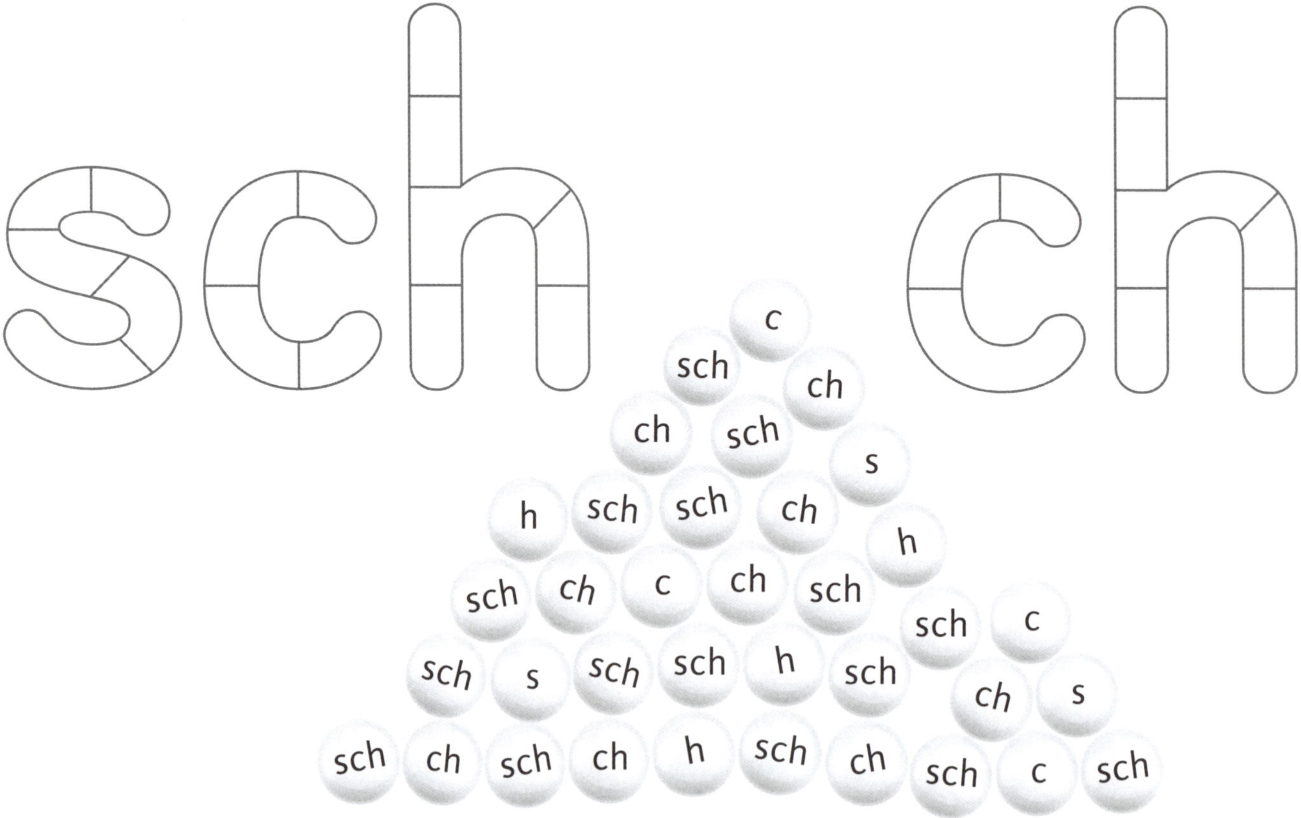

sch   ch

c
sch
ch
ch   sch
s
h   sch   sch   ch
h
sch   ch   c   ch   sch
sch   c
sch   s   sch   sch   h   sch
ch   s
sch   ch   sch   ch   h   sch   ch   sch   c   sch

Alle diese Wörter haben einen doppelten Mitlaut. Schreibe sie in die Linien.
Male die Doppelbuchstaben farbig an.

me-
kü-
la-   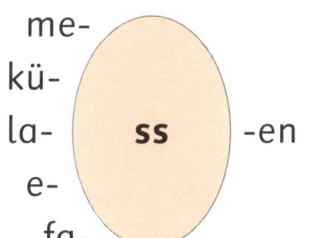 **ss**   -en
e-
fa-

fa-
be-
ro-   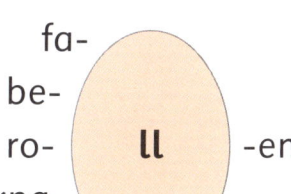 **ll**   -en
kna-
wo-

re-
spi-
ke-   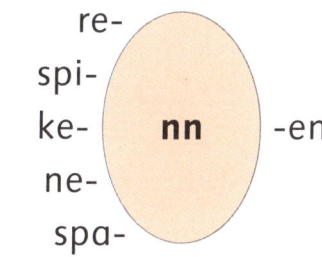 **nn**   -en
ne-
spa-

messen,

35

Alle diese Wörter haben einen doppelten Mitlaut in der Mitte. Schreibe sie in die Silbenbögen.

Achtung – der doppelte Mitlaut wird durch die Silbenbögen getrennt.

Löffel Messer Pfanne Tasse   Affe Giraffe Qualle Spinne

Schüssel Kanne   Libelle Hummel

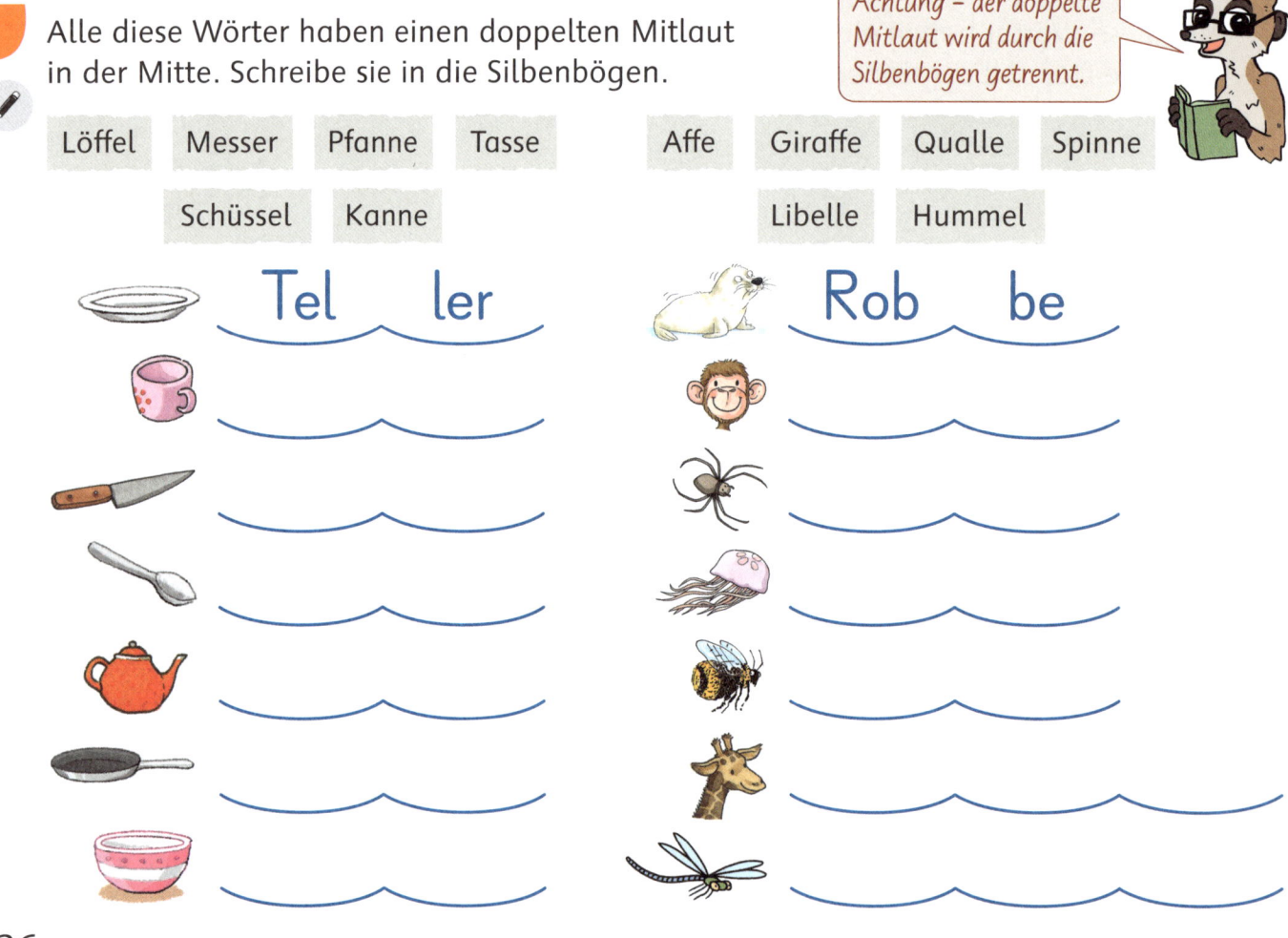

Tel | ler

Rob | be

Setze aus den Silben die Wörter zusammen. Achte auf den Doppelbuchstaben.

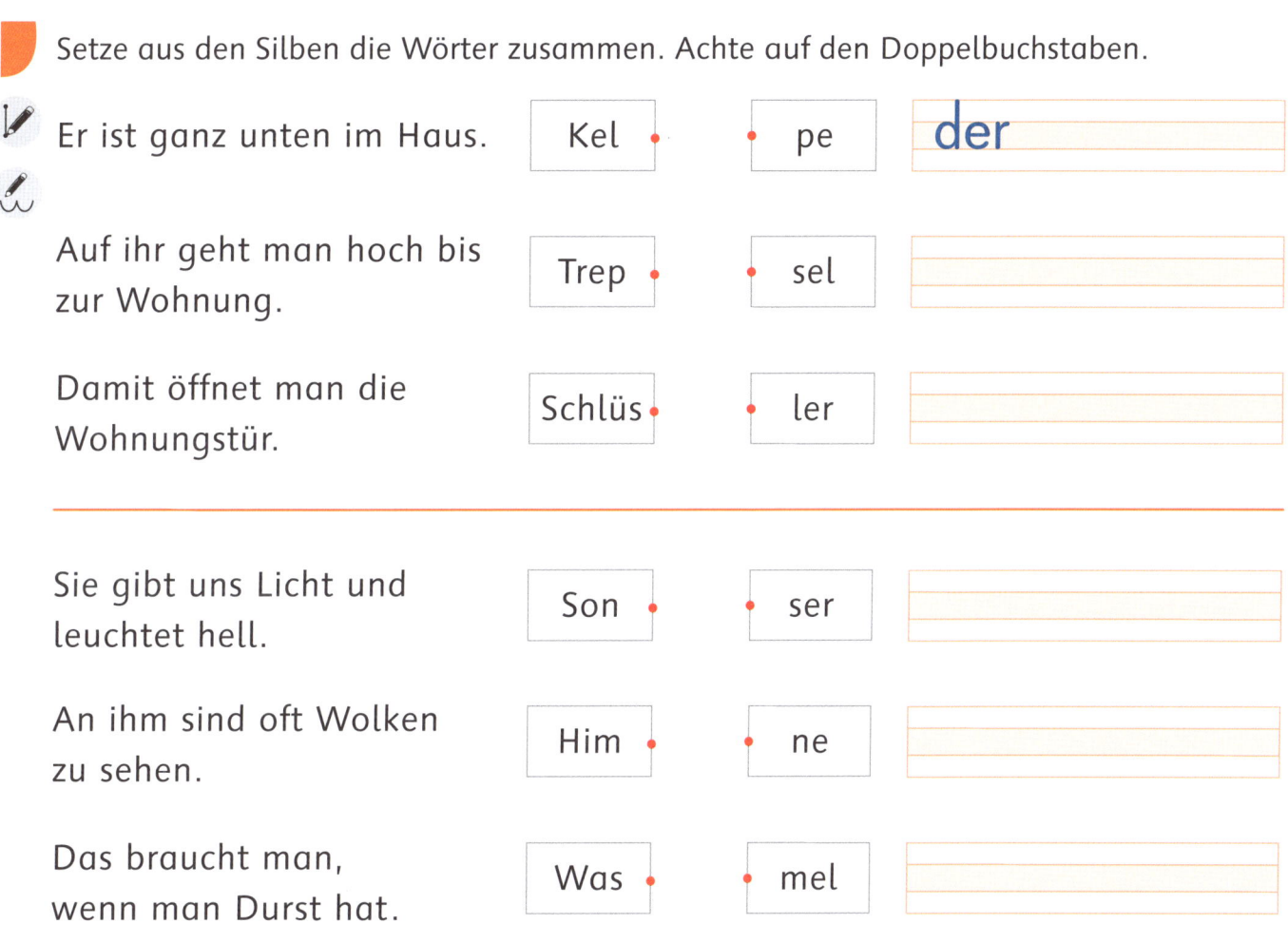

Er ist ganz unten im Haus. | Kel • | • pe | **der**

Auf ihr geht man hoch bis zur Wohnung. | Trep • | • sel |

Damit öffnet man die Wohnungstür. | Schlüs • | • ler |

Sie gibt uns Licht und leuchtet hell. | Son • | • ser |

An ihm sind oft Wolken zu sehen. | Him • | • ne |

Das braucht man, wenn man Durst hat. | Was • | • mel |

Suche jeweils zwei Silben und bilde Wörter.
Ordne sie in die Tabelle ein.

| Wet | Was | Mut | Him | Ras | Klam | Kis | Don | Tun |

| sel | ter | ter | ner | ser | sen | mer | nel | mel |

der	die	das
Himmel		

Wähle das richtige Wort aus und schreibe es in die Linie.
Male den doppelten Buchstaben farbig an.

Beim Einkaufen bezahlt man an der ~~Klasse~~ / Kasse · **Kasse**

Eis bekommt man meist in einer Waffel / Waffe ·

Der neue Pullover ist aus Welle / Wolle ·

Manche Kinder baden gern in der Wanne / Kanne ·

Lilly wünscht sich eine neue Klette / Kette ·

An der Wäscheleine steckt eine Klammer / Kammer ·

Suche für jeden Satz ein passendes Verb im Kasten.
Male alle doppelten Mitlaute bunt an.

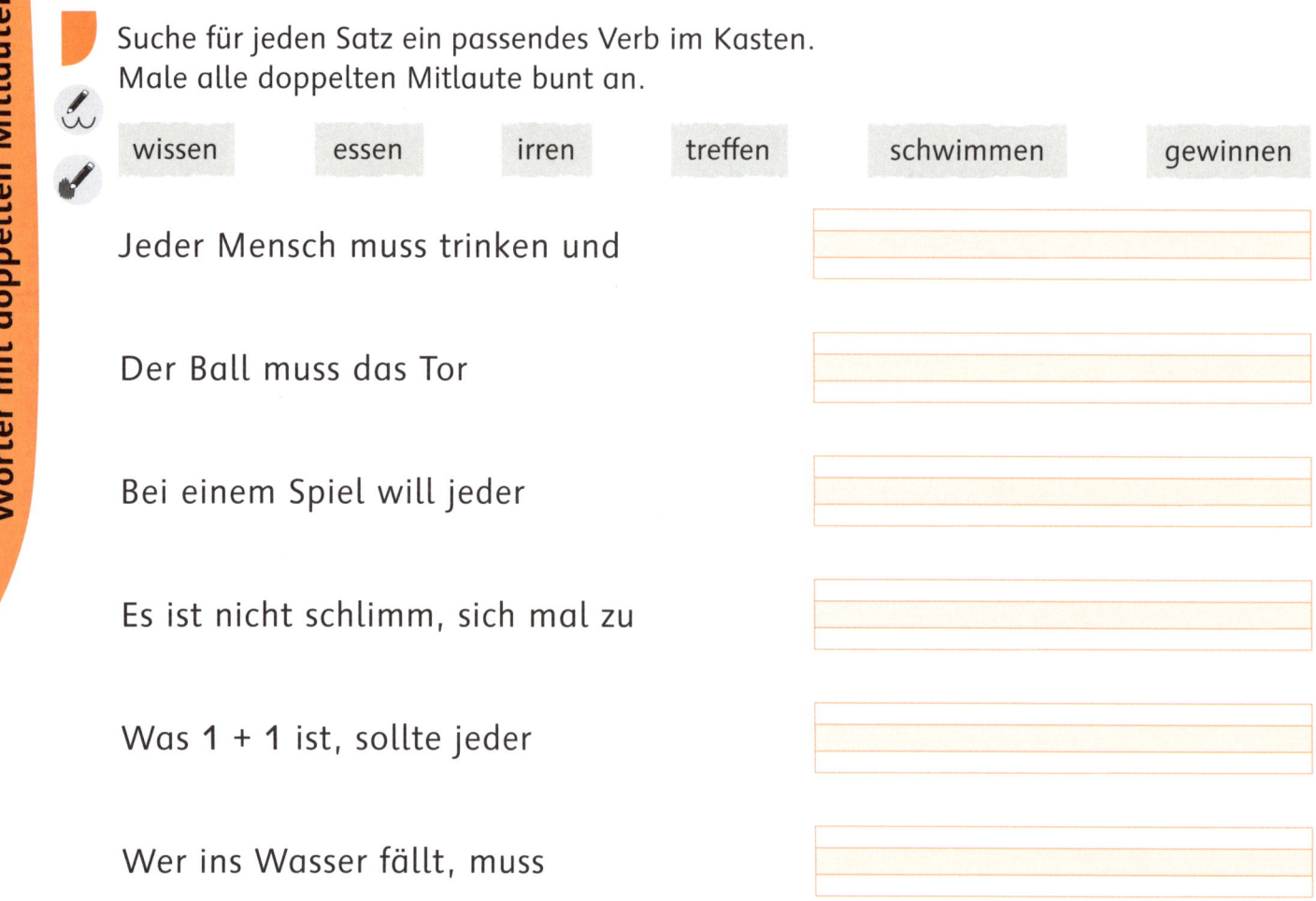

| wissen | essen | irren | treffen | schwimmen | gewinnen |

Jeder Mensch muss trinken und _____ .

Der Ball muss das Tor _____ .

Bei einem Spiel will jeder _____ .

Es ist nicht schlimm, sich mal zu _____ .

Was 1 + 1 ist, sollte jeder _____ .

Wer ins Wasser fällt, muss _____ .

Schreibe die verdeckten Wörter auf.

Die Eule ist ein Nachttier.

In der Nacht fliegt sie herum

und jagt ihre Beute.

Am liebsten fängt sie Mäuse.

Immer, wenn du **scht** hörst oder sprichst, schreibst du **St/st**.

Genau hinhören und gut merken!

Male die Bilder an, die mit **St** beginnen.
Schreibe die Wörter auf.

der Strumpf, der

Hier fehlen einige Wörter. Suche aus dem Kasten unten passende Wörter heraus und schreibe sie auf die Linien.

Stuhl   Sterne   Sturm   Stock   Stunde   Straße

In der Nacht sieht man am Himmel Mond und _____ .

Die Autos fahren auf der _____ .

Alte Leute gehen oft mit einem _____ .

In der Schule sitzt jedes Kind auf einem _____ .

60 Minuten sind eine _____ .

Sehr starken Wind nennt man auch _____ .

Immer, wenn du **schp** hörst oder sprichst, schreibst du **Sp/sp**.

Genau hinhören und gut merken!

Male die Bilder an, die mit **Sp** beginnen.
Schreibe die Wörter auf.

	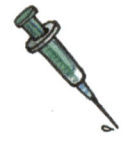					

die Spritze, die

Hier fehlen einige Wörter. Suche aus dem Kasten passende Wörter heraus und schreibe sie auf.

Spur   Spritze   Spaghetti   Specht   Spitze   Spucke   Sprache   Spaß

Kinder essen gerne Tomatensoße mit _____.

Der Arzt gibt dem Patienten eine _____.

Manche sprechen außer Deutsch noch eine _____.

Wenn der Hund durch Schnee läuft, sieht man eine _____.

Schöne Aufgaben in der Schule machen _____.

Der Vogel, der an die Bäume hämmert, heißt _____.

Die Flüssigkeit im Mund nennt man _____.

Eine Nadel hat ganz vorn eine _____.

Verbinde die Silben und schreibe die Wörter in den passenden Satz.

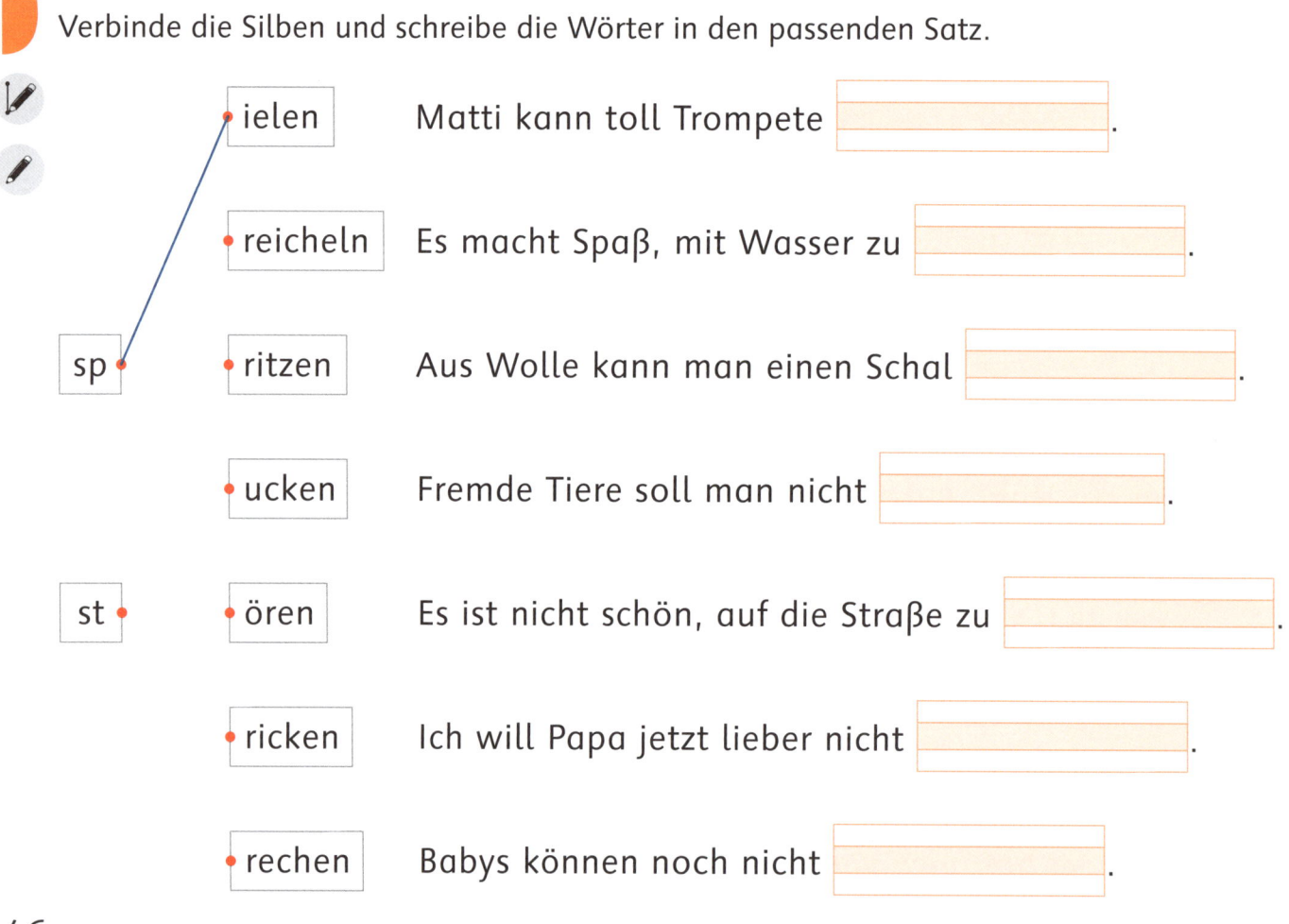

ielen — Matti kann toll Trompete [   ].

reicheln — Es macht Spaß, mit Wasser zu [   ].

sp

ritzen — Aus Wolle kann man einen Schal [   ].

ucken — Fremde Tiere soll man nicht [   ].

st

ören — Es ist nicht schön, auf die Straße zu [   ].

ricken — Ich will Papa jetzt lieber nicht [   ].

rechen — Babys können noch nicht [   ].

Male alle **tz** bunt an und schreibe die Wörter noch einmal auf.

Katzen können stundenlang auf ihrem Platz sitzen und sich putzen. Mit ihrer Zunge lecken sie einfach den Schmutz weg. Wenn sie ganz vertieft sind, darf man sie nicht stören, sonst kratzen sie mit ihren spitzen Krallen und können Kinder ganz plötzlich an der Hand verletzen.

An warmen Tagen können sie auch schwitzen und müssen vor der Hitze geschützt werden. Manche Leute spannen ein Netz auf dem Balkon. Wenn es donnert und blitzt, kommen Katzen in letzter Sekunde schnell ins Haus gehetzt. Sie mögen es nämlich nicht, mit Wasser angespritzt zu werden.

Verbinde und schreibe die Wörter in der **Einzahl** und der **Mehrzahl** in die Silbenbögen.

Achtung: tz wird durch die Silbenbögen getrennt!

| Kat |
| Pfüt |
| Sprit |
| ze |
| Müt |
| Spit |
| Tat |

Einzahl

Sprit ze

Mehrzahl

Sprit zen

48

Finde das passende Wort mit **tz** und schreibe
den Satz fertig. Male jedes **tz** an.

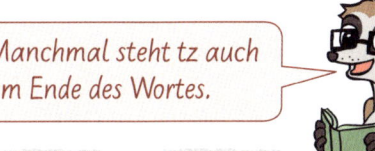

Manchmal steht tz auch
am Ende des Wortes.

| Platz | Satz | Netz | Schmutz | Blitz | Witz | Schatz |

Bei Gewitter hörst du den Donner und siehst den **Blitz** .

Die Kinder erzählen sich den neuesten .

Auf der Pirateninsel gibt es vielleicht einen .

Im Klassenzimmer hat jedes Kind seinen .

Auf der Rückseite vom Fußballtor ist ein .

Punkt oder Fragezeichen zeigt das Ende vom .

Die Schuhe sind voller .

Male alle **ck** bunt an und schreibe die Wörter noch einmal auf.

Der Wecker klingelt. Emil bekommt einen Schreck, aber zum Glück ist es noch nicht zu spät. Er nimmt seine trockenen Sachen und die dicken Socken von der Leine und packt sie in den Rucksack. Papa hat leckere Kuchenstücke vom Bäcker geholt. Hoffentlich schmeckt es im Zeltlager auch so gut, sagt Emil. Mama sagt, er soll aufpassen, dass die Jacke nicht so schnell dreckig wird. Zum Abschied drückt sie ihn ganz fest und blickt ihm lange nach. In zwei Wochen erst kommt er zurück.

Bilde Wörter mit **cke** und schreibe sie auf.

Achtung: ck bleibt in den Silben immer zusammen: Brü-cke

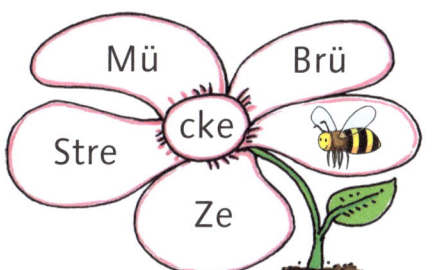

die Brücke, die

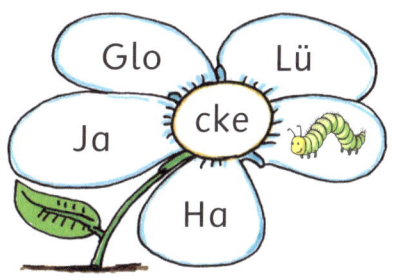

Male alle Felder mit **st gelb** und mit **sp grün** an.

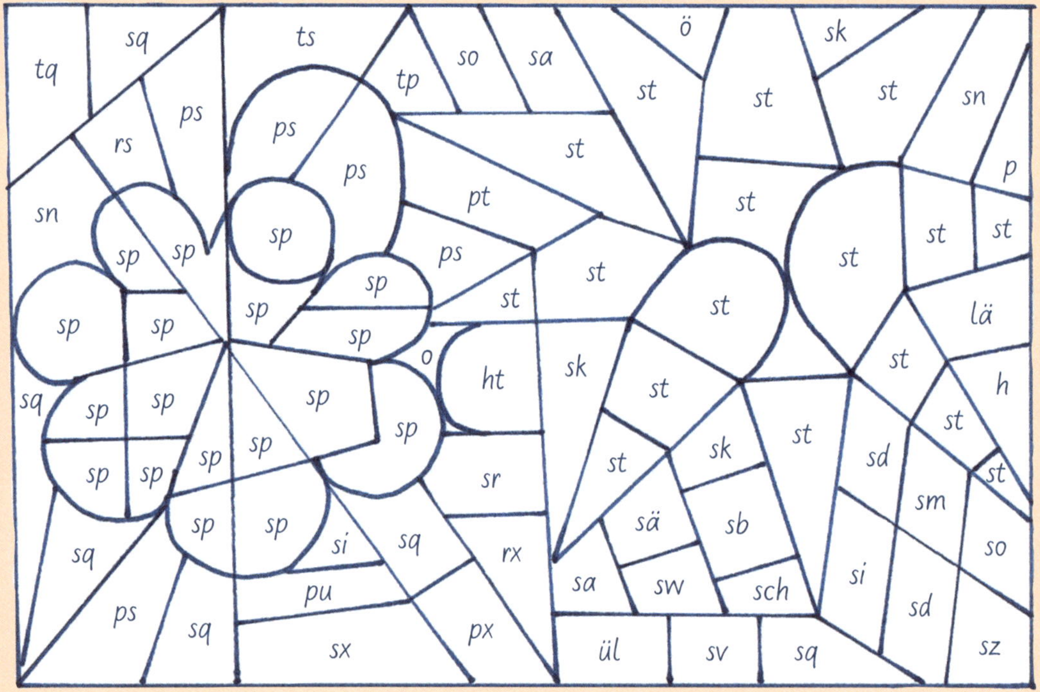

sq · ts · so · sa · ö · sk
tq · tp · st · st · st · sn
ps · ps · st · p
rs · ps · st · st · st
sn · sp · sp · sp · pt · st · st
sp · sp · ps · st · lä
sp · sp · sp · st · st
sq · sp · sp · sp · o · ht · sk · st · st
sp · sp · sp · sp · sr · st · sk · st · sd · sm
sp · sp · si · sq · rx · sä · sb · si · so
sq · pu · sa · sw · sch · sd
ps · sq · sx · px · ül · sv · sq · sz

52

1 Bilde Wörter.

Fe •

Re •

• del

• gen

Nu •

Vo •

• der

• gel

Na •

Wa •

2 Finde passende Wörter, die mit **-er** enden.

Er macht auf der Baustelle ein Loch für den Keller: **der**

Das klebst du als Schutz auf eine Wunde: **das**

Damit steuerst du dein Fahrrad: **der**

Pflaster   Kater   Lenker   Mixer   Bagger

Finde das richtige Wort und ergänze den Satz.

Bach   Nacht   Pech   Teich   Stich   Küche   Buch   Tuch

Hinter Omas Haus plätschert ein kleiner _____.

Wenn die Mücke dich piekst, hast du einen _____.

Herd und Kühlschrank stehen in der _____.

Jannis liegt auf dem Sofa und liest sein neues _____.

Wenn einmal alles schiefgeht, hast du _____.

Mond und Sterne sieht man in der _____.

Die Frösche quaken laut in dem kleinen _____.

Eine Brille putzt man mit einem sauberen _____.

Alle diese Wörter haben einen doppelten Mitlaut: **nn, ll, ss, tt, ff, pp**.
Schreibe sie auf.

der

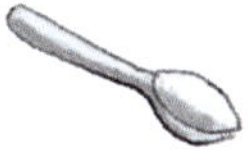

1 Was hörst du am Anfang von Wörtern, die du mit **st** schreibst?

○ schr   ○ scht   ○ tsch

2 Ordne richtig zu.

Sehr starken Wind nennt man •	• Spur
Im tiefen Schnee sieht man eine •	• Strom
Indianer haben Pfeil und Bogen und einen •	• Strauß
Alle elektrischen Geräte brauchen •	• Sturm
Viele Blumen in einer Vase sind ein •	• Speer
Blumen haben Blüte, Blätter und den •	• Sprachen
Zu viele Autos auf der Straße bilden einen •	• Stängel
Es gibt auf der Welt viele verschiedene •	• Stau